AF278516

ÉLOGE FUNÈBRE

DE

MADAME CLOUET

Née Marie-Adélaïde-Charles-Eponine AGIER,

PRONONCÉ

DANS L'ÉGLISE DE VIC-SUR-AISNE,

Le 25 Janvier 1865,

PAR

M. L'ABBÉ LEMAIRE,

Curé-Doyen de Vic sur Aisne.

SOISSONS.

IMPRIMERIE DE EM. FOSSÉ DARCOSSE,

RUE SAINT-ANTOINE, 15.

1865.

ÉLOGE FUNÈBRE

DE

MADAME CLOUET

Née Marie-Adélaïde-Charles-Éponine AGIER,

PRONONCÉ

DANS L'ÉGLISE DE VIC-SUR-AISNE,

Le 25 Janvier 1865.

> Timebat Deum valde, nec erat qui loqueretur de illa verbum malum.
>
> Elle craignait beaucoup le Seigneur et il ne s'est trouvé personne pour prononcer jamais contre elle une méchante parole. (Judith, VIII, 8).

MES TRÈS-CHERS FRÈRES,

Avec quelle profonde et douloureuse émotion j'arrive ici devant vous ! En présence de cet auditoire qui se presse, si nombreux et si sympathique autour de cette femme, type achevé de la femme pieuse, mais aujourd'hui glacée par la mort ; au milieu de ces explosions des larmes et des sanglots d'une famille, brisée dans ses plus chères affections, mais qui accepte, avec la soumission chrétienne, le malheur qui est venu la visiter, quelle parole vais-je faire entendre pour rendre, une dernière fois, un pieux et solennel hommage à cette si solide et si aimable vertu, maintenant couverte des ombres de la mort? Mais, la tristesse peinte sur tous les visages, les larmes qui débordent de tous les cœurs, n'est-ce pas déjà son plus bel éloge, la plus belle oraison funèbre? Ah! quand, dimanche dernier, du haut de cette même tribune sacrée, je vous disais : « Prions, prions bien pour Madame « Charles-Eponine Clouet, son état est des « plus désespérés; » à l'instant j'ai vu tous les cœurs se serrer, les larmes tomber de tous les yeux, moi-même m'arrêter, ne pouvant plus maîtriser ma douleur.

Vous voyez comme toutes nos craintes n'étaient que trop justifiées.

Et la voilà, aujourd'hui, devant nous, environnée des emblèmes funèbres, enveloppée elle-même dans ce noir et lugubre manteau de la mort pour être, tout à l'heure, entièrement dérobée à nos regards, cette très-chère, très-vénérée et très-pieuse dame, qui, depuis son arrivée à Vic sur Aisne, y répandait, chaque jour, le plus pur parfum de la piété! Cette piété toujours si vraie, si douce, si féconde en bonnes œuvres, est au-dessus de tout éloge, je le sais bien et, aussi, je ne veux prendre, un instant, la parole que pour essayer d'alléger, s'il était possible, le poids si lourd de la douleur d'une famille si honorable qui perd, tout à coup, dans une si digne fille, dans une si digne épouse, dans une si digne mère, avec tous les charmes de l'intimité de famille, tout ce qui embellissait la vie commune.

Ah ! Nous avions conservé , nous avons voulu conserver , jusqu'à la dernière heure , l'espoir d'une guérison plus ou moins prochaine. Nous espérions, nous attendions, nous nous abondonnions toujours à la confiance ; c'est qu'en effet, on ne peut se persuader , on se persuade difficilement qu'une âme d'élite , chère à tous les cœurs, va être enlevée , pour toujours, à la terre. On espère toujours , « *on espère contre toute espérance;* » et , au milieu de ces vains espoirs, la maladie marche toujours d'une marche insidieuse ; de nouvelles souffrances se font sentir , les défaillances de la nature arrivent , les symptômes précurseurs d'une mort prochaine se succèdent rapidement , tous les secours de la science , les soins les plus intelligents et les plus dévoués deviennent impuissants, et tout à coup, le pauvre malade, objet de tout ce dévouement, succombe , épuisé , au milieu de la plus poignante surprise , et des sanglots d'une famille au désespoir. C'est ainsi qu'a succombé cette âme choisie et que ce présent du Ciel nous a été enlevé.

Que j'aurais voulu avoir le temps de recueillir ici les traits épars qui composent une vie qui a toujours été si fortement chrétienne , et vous la présenter , non plus seulement comme une brillante auréole d'honneur qui rayonne sur cette âme chargée de vertus et de mérites, mais comme un des plus précieux souvenirs, comme le pieux et dernier écho de ses dernières paroles, ou plutôt, comme le dernier et solide enseignement qu'elle offre à votre méditation !

Vous le savez, les sentiments, les impressions, les idées chrétiennes surtout, les grands enseignements de la religion, reçus dans l'enfance, laissent toujours dans les cœurs des germes impérissables. Aussi quelle douce et puissante action la religion a exercée sur les premières années de notre chère et très-vénérée défunte, et, plus tard, sur ses devoirs d'épouse et de mère dans le soin de l'éducation de ses enfants dont elle ne voulut jamais se décharger complètement, convaincue que personne ne peut et ne doit suppléer l'éducation donnée par une mère chrétienne.

Enfant bénie de Dieu, Marie-Adélaïde-Charles-Eponine Clouet, née Agier, singulièrement favorisée du Ciel, douée des plus heureuses dispositions de l'âme, entra dans le sentier de la vertu, dès le matin de sa vie, à l'aurore même de ses jours !

La Religion qu'elle avait puisée à bonne source, avait saisi fortement son âme; et il n'est pas possible de dire combien la pratique des devoirs religieux répandit de douceur sur chacun de ses jours et de joie au fond de son cœur. Il est écrit: « *L'homme, dans sa vieil-*

« *lesse, suivra la voie qu'il aura suivie dans*
« *sa jeunesse.* » Pourtant, il faut bien l'a-
vouer, l'homme, le mieux dirigé dans ses jeunes années ne résiste pas toujours à tous les
mauvais entraînements, donne souvent dans
les écueils semés sur la route de la vie, quel-
quefois semble y rester comme fatalement
fixé ; mais, le plus souvent, après s'être ar-
rêté, un instant, au milieu de sa course, il
se relève glorieusement, comme ces jeunes
plantes, un instant courbées sous une pluie
torrentielle, se relèvent graduellement, plus
belles, plus verdoyantes, plus resplendissan-
tes. Ici, dans cette âme fortement trempée
par la religion, jamais de ces tristes et regret-
tables vicissitudes, jamais de ces déplorables
contrastes entre un âge et un âge. Chez elle
l'âge mûr avait la foi vive et profonde de l'enfance ; sa belle âme retrouvait toujours, dans
la pratique scrupuleuse de ses devoirs, la fer-
veur des premiers jours : et la douce et aimable piété, qui avait été l'objet de l'admiration
de ses jeunes amies d'enfance et de pension,
ne perdit jamais rien de sa fraîcheur première,
au milieu des préoccupations de la sollicitude
maternelle, mais rayonnait toujours comme
un pur rayon de lumière sur ce front chaste
et toujours placide, dans ce regard doux et
grave où on apercevait quelque chose de si
spirituel et de si intérieur, sous cette voix
harmonieuse, qui vous attirait par je ne sais

quelle puissance d'attraction à l'amour pratique de la religion. C'est l'impression générale qu'elle produisait tout de suite sur ceux qui avaient le bonheur de s'entretenir quelques instants avec elle : en la quittant, on se sentait meilleur, plus porté au bien, à la vertu. On se disait, le cœur plein de joie de l'avoir connue :

« Quelle sainte femme !

« Quelle digne femme ! »

C'est que, du reste, avec le sourire qui reflétait toute la bonté de son âme, elle était d'un abord si facile, si sympathique, si bienveillant pour tout le monde ; parce qu'elle était, il faut bien le dire aussi, une femme éminemment chrétienne. D'une haute spiritualité, d'un caractère élevé, d'une véritable supériorité d'intelligence, esprit droit, judicieux, lettré, orné de connaissances variées, familiarisé avec nos écrivains et nos orateurs sacrés, dont elle faisait ses lectures habituelles, en même temps que du livre par excellence de l'Imitation de Jésus-Christ, avec toutes ses connaissances et ses belles qualités, elle était, comme toutes les âmes vraiment parfaites, pénétrée du profond sentiment de son imperfection personnelle. « Ah ! » me di-
« sait-elle un jour ; « Vous êtes dans une bien
« grande illusion. Vous me croyez peut-être
« une âme bien parfaite : Oh ! non, je ne suis

« pas parfaite. Je fais tous mes efforts pour le
« devenir, j'y tends.

« — Eh bien ! » lui répartis-je, sans lui donner le temps d'achever sa pensée ; « C'est jus-
« tement en cela que consiste, ici-bas, la vraie
« perfection, dans un effort constant, habi-
« tuel pour arriver à la plus haute perfec-
« tion.

« — C'est vrai, mais je ne fais sans doute
« pas assez d'efforts, puisqu'il y a toujours en
« moi tant de choses à réformer, et je suis
« toujours si imparfaite, malgré tous mes ef-
« forts, malgré toutes mes prières. » La
prière, en effet, était sa première et substan-
tielle nourriture. Qu'elle priait bien ! il fallait
la voir dans l'oratoire de la famille, au pied
du crucifix, ou bien, lorsque dans l'église,
son âme sortant, pour ainsi dire, des basses
régions de notre mortalité, ne se hâtant pas
d'y rentrer et de se rejeter des hauteurs du
ciel dans les petites choses de la vie humaine,
restait là, se reposait doucement, délicieuse-
ment dans le recueillement profond et pro-
longé de la prière. Son attitude recueillie était
à elle seule la plus belle démonstration de la
foi, et vous donnait, avec l'amour pratique de
la loi du Seigneur, le goût et l'amour de la
prière. Il fallait la voir, sous le feu de l'amour
de Dieu, dans les douces et ineffables jouissan-
ces de l'âme, après avoir reçu, dans la com-
munion, le don de Dieu par excellence !

Elle semblait s'abîmer dans les profondeurs impénétrables de cet admirable mystère ! De ce cœur enflammé d'amour pour Jésus-Christ il se faisait, sur sa personne, comme un rejaillissement de la béatitude intérieure. Je ne sais quelle vertu céleste sortait de ce cœur et se communiquait irrésistiblement aux âmes qui l'entouraient....

C'est à ce moment surtout qu'on pouvait saisir, comme sur place et sur son domaine, la religion, dans sa beauté, dans sa vérité, dans sa sève féconde. Qu'elle était singulièrement édifiante devant la majesté divine dans le sacrement de son amour ! Il me semble encore la voir, lorsqu'au milieu de cette pompe toujours si touchante, si imposante, si majestueuse, si grandiose d'une procession de la Fête-Dieu, elle recevait, avec les pieux fidèles, la bénédiction solennelle, donnée du sommet d'un élégant reposoir. Je la vois, agenouillée sur la poussière, dans la boue !...

La bénédiction est donnée ; tous se sont relevés, mais elle, l'âme comme inondée de la jouissance même de la présence divine, restait là, plongée dans le silence d'une suprême adoration, transportée là où est l'éternelle vie, l'éternel repos de l'âme.

Comme après Dieu, après Jésus-Christ, la sainte et auguste Mère du Sauveur du monde est notre espérance, notre plus légitime espérance à tous ; quelle n'était pas sa tendre et filiale piété envers la divine Vierge ! avec quelle confiance elle abritait son âme, sa vie, ses œuvres, ses enfants, tous les membres de sa famille sous ce puissant patronage ! Et lorsqu'il s'agissait de relever l'éclat de ses fêtes, la splendeur de son culte, d'étendre son empire dans les cœurs, d'ajouter, sur cette terre, quelques rayons de gloire à son éternelle gloire dans le ciel, quel zèle actif, doux, expansif, fécond, jamais stérile parce qu'il était toujours puisé à la source de la foi et vivifié par la foi. N'est-ce pas, par exemple, aux pieuses et saintes industries de son zèle, à sa munificence personnelle que nous devons, en grande partie, la construction ou la décoration de ces autels ?

Ah ! sa piété, comme toute vraie piété, se traduisait en tout par les œuvres. Ce que Dieu, en effet, demande de nous, ce ne sont pas seulement des paroles : les paroles, qui ne se traduisent pas par des œuvres abondantes, par des actes généreux, ce sont des feuilles, les feuilles d'un arbre qui ne mérite plus d'occuper la terre, mais d'être coupé et jeté au feu. Que c'était bien là la conviction profonde de notre vénérée défunte et comme sa foi se révélait, s'affirmait chaque jour par les plus belles œuvres de la charité chrétienne ? Cœur tendre, généreux, compâtissant, qu'elle aimait à étendre, partout sa main bienfaisante sur tous les genres de misère, de souffrances, d'infortune : la pauvreté, le malheur, un cri plaintif, de quelque part qu'il vînt, pour elle était chose sacrée. A l'exemple d'un saint Laurent, d'une sainte Elisabeth, pénétrée d'un respect religieux pour le pauvre, jamais, en donnant, elle ne laissa échapper de ses lèvres une parole rude, une réflexion amère; elle aurait cru, par l'âpreté du langage, gâter son œuvre chrétienne et insulter aux haillons qu'elle venait de couvrir. Elle ne laissait pas non plus tomber froidement l'aumône de ses mains, non, mais c'était toujours avec grâce, avec un sourire aimable, avec un encouragement, un bon conseil, avec une parole affectueuse, avec le bon mot qu'on sentait sortir du cœur.

Ses bonnes œuvres ne s'arrêtaient pas exclusivement aux pauvres, aux déshérités de la fortune. Elle portait plus loin l'œil de la foi. *L'Œuvre de la Sainte-Enfance*, et l'*Œuvre de la Propagation de la Foi* étaient, à ses yeux, les plus belles œuvres de notre époque; et, pour contribuer personnellement à ces œuvres de bénédiction devenues aujourd'hui *européennes*, c'est-à-dire, pour arracher aux superstitions de l'idolâtrie, faire baptiser et élever chrétiennement les pauvres petits enfants chinois, le plus souvent affreusement sacrifiés, et inhumainement abandonnés par leurs féroces parents, elle donnait largement. *L'Œuvre des Séminaires* n'était pas oubliée.

Quel bonheur, disait-elle, si, par notre offrande, nous pouvons faire arriver au sacerdoce un pieux jeune homme qui portera les joies et les lumières de la foi à des âmes plongées dans l'ignorance et le vice ! Et, comme pour les deux premières œuvres, elle donnait libéralement. Le cœur, la bouche, les mains s'ouvraient naturellement pour venir en aide à tout ce qui était faible, malade, n'importe dans quelle peine, ou quelle détresse. Que ne m'est-il possible de reproduire ici tous les actes généreux de cette âme sur la tombe de laquelle nous pouvons déposer respectueusement la belle couronne de la charité ! Toutes ces bonnes œuvres (1) elle les faisait sans ostentation, avec la plus charmante simplicité, tâchant toujours de laisser ignorer à la main gauche ce qu'avait pu faire la main droite ; elle fuyait toutes les actions d'éclat, comme elle fuyait les fêtes bruyantes, les agitations et les splendeurs des salons où ses aimables qualités auraient remporté des triomphes bien légitimes. Quel trésor de vertus et de saintes œuvres, aujourd'hui cachées dans l'ombre, elle a porté devant Celui qui n'oublie rien et rendra à chacun selon ses œuvres : *reddet unicuique secundum opera.*

Après une telle vie de foi, après les jours,

(1) Nous découvrons, tous les jours, une foule de bonnes œuvres qu'elle a constamment tenues cachées : comme de payer pour des pauvres le loyer des maisons, aider à relever et à restaurer d'anciennes abbayes ruinées par la Révolution, donner des secours pécuniaires à des Polonais exilés pour la foi.

hélas ! trop courts, trop précipités, passés dans une existence recueillie, la bienfaitrice des pauvres, la fille pieuse, la femme modèle devait voir, sans effroi, arriver le moment suprême de la dernière heure; et, en effet, quelle fermeté d'âme dans ces derniers moments ! Comme sa foi en Dieu s'élevait, grandissait en même temps que ses forces corporelles tombaient. « Le sacrifice est fait, nous « disait-elle, il est fait. Demander ma guéri- « son, c'est plaider une mauvaise cause; vous « ne la gagnerez pas. Soumettons-nous. Je « veux tout ce que Dieu veut, comme il le « veut. » Je lui disais : « Mais, vous devez « souffrir beaucoup? — Beaucoup. Il faut, « ajoutait-elle, aimer la croix; mourir dans les « bras de la croix, c'est mourir dans les bras « de Jésus-Christ; on ne peut pas mourir « d'une plus belle mort. » C'est au milieu de ces épanchements de son cœur dans le cœur de Jésus-Christ crucifié qu'elle recevait, pour la dernière fois, le pain des anges, que dans tout le cours de sa vie elle recevait toujours avec une si tendre et si édifiante piété. Son âme alors, oubliant les suprêmes angoisses du grand passage, avec un visage où s'épanouissait la paix intérieure, entrait dans une atmosphère divine, s'élevait, sur les ailes de la foi, dans les hautes et pures régions où habite l'éternelle vie, l'éternelle vérité. Alors se passait la scène la plus attendrissante : tous les

membres de cette aimable et nombreuse famille, toujours si étroitement unis par l'esprit même de famille, se sentant, tout à coup,
cruellement déchirés dans le lien qui se bri-
sait, tous ensemble se précipitaient à ses pieds
avec des flots de tendresse , avec des sanglots
qu'ils s'efforçaient en vain d'étouffer, l'embras-
saient dans de brûlantes étreintes, s'agenouil-
laient religieusement devant elle comme devant
une sainte... Elle, sur le seuil de son éternité,
de sa couche douloureuse , et de sa main dé-
faillante , bénissait , avec effusion , son digne
époux qui lui avait prodigué tant de dévouement, elle bénissait une mère si douloureuse-
ment éprouvée, qui professa toujours pour une
si digne fille, un véritable culte de vénération ;
elle bénissait, l'un après l'autre , chacun de
ses chers enfants, ceux qui étaient présents et
ceux qui étaient absents. Faut-il le dire? et
pourquoi ne le dirions-nous pas? elle nous
bénissait nous-même, et nous recevions pieu-
sement sa pieuse bénédiction. Quelques heures
après , Marie-Adélaïde-Charles-Eponine Clouet
s'éteignait, s'endormait doucement dans le
Seigneur , pleurée de tout un pays, chargée
des bénédictions de tous les pauvres , laissant
à ses enfants et à toute la paroisse les plus
beaux exemples de vertus. Quelle heureuse
mort! Douce et sainte mort, comme toute sa
vie constamment illuminée de la lumière de la
foi !

Femme chrétienne! sainte femme! dont la mort a eu un si long et si douloureux retentissement, que nous aurions été heureux de vous voir parcourir une longue carrière! Allez, accompagnée de nos larmes et de nos meilleures prières, reposer sur le petit coin de terre béni par la religion, jusqu'au jour solennel du réveil général où Dieu lèvera et fera tomber le voile qui nous cache tant de saintes œuvres. Toutefois, votre mémoire ne périra pas ici-bas, elle restera comme un des plus beaux et des plus purs souvenirs : La mémoire du juste ne périt pas ; *In memoria æterna erit justus.*

SOISSONS. — IMPRIMERIE DE EM. FOSSÉ DARCOSSE, Rue St-Antoine, n° 15.

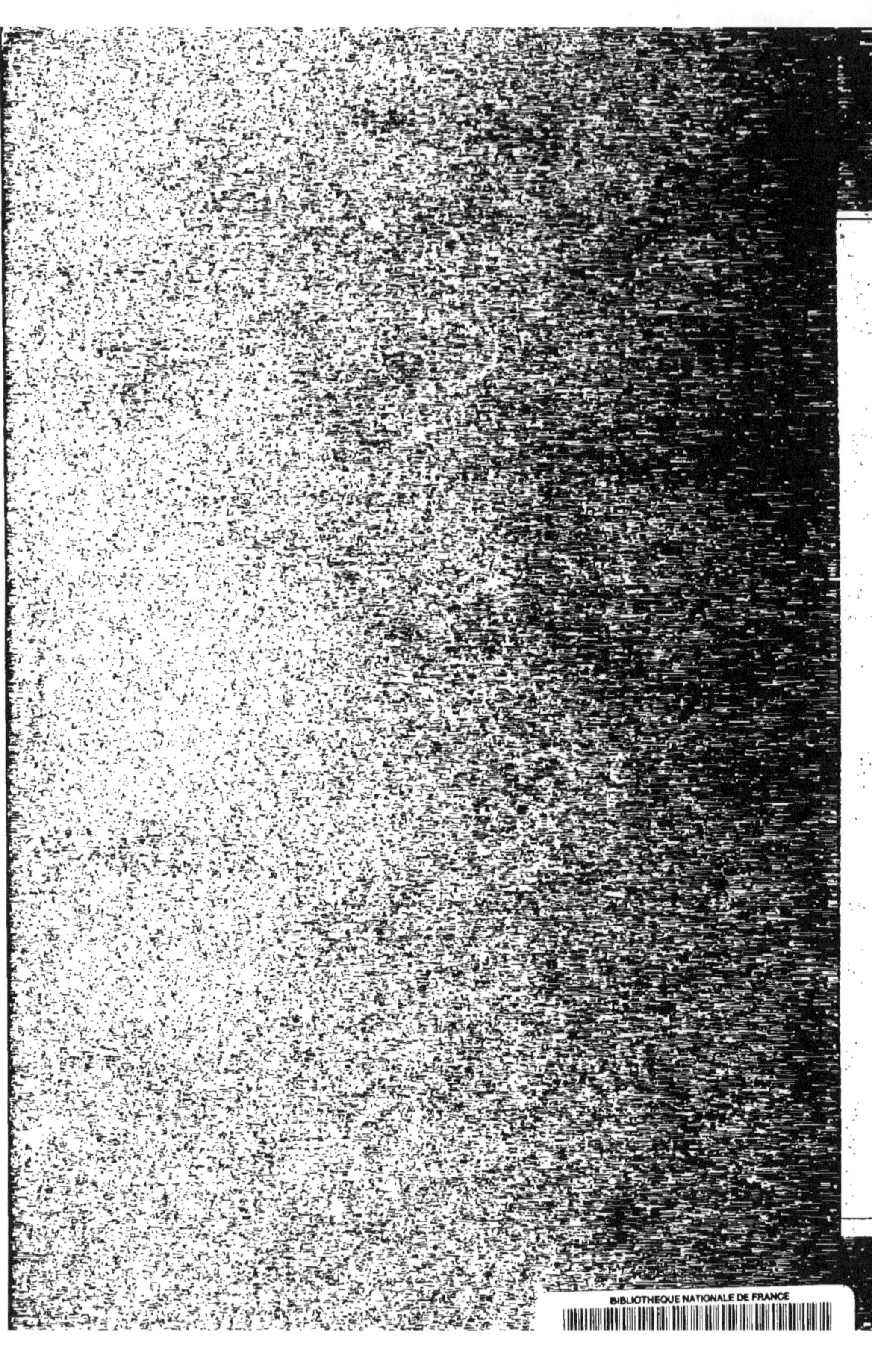

www.ingramcontent.com/pod-product-compliance
Lightning Source LLC
Chambersburg PA
CBHW061712050726
47598CB00004B/1804